GUIDE

DES CURIEUX,

ET DES ETRANGERS

DANS LES

BIBLIOTHÉQUES PUBLIQUES DE PARIS;

Ouvrage dans lequel on trouve la Description des
Objets les plus curieux que renferme chacune
des six Bibliothèques publiques de Paris, les
jours et heures de leur Ouverture, une Notice
historique sur leur Fondation et leurs accrois-
semens successifs, etc., etc.

PAR M. DU MERSAN.

Quatrième Édition corrigée et augmentée.

Prix, 75 centimes.

A PARIS,

Chez les Marchands de Nouveautés,

1810.

DE L'IMPRIMERIE DE J. B. SAJOU,

Rue de la Harpe, n.º 11.

GUIDE

DES

CURIEUX ET DES ÉTRANGERS

DANS

LES BIBLIOTHÉQUES DE PARIS.

BIBLIOTHÉQUE ~~IMPÉRIALE~~ DU ROI.

Les premiers de nos rois qui eurent des bibliothéques furent Charles V, Louis XI, Charles VIII et Louis XII La Bibliothéque de Charles V, placée au Louvre, dans la tour de la librairie, et gardée par *Gilles Mallet*, n'étoit composée que de neuf cent dix volumes. Elle fut dissipée sous le règne de Charles VI, et celui de Charles VII fut trop orageux pour que ce prince songeât à la rétablir Sous François I, elle n'étoit encore que de deux mille volumes. Ce roi, qui aimoit les sciences et les arts, l'augmenta beaucoup et la fit placer dans son château de Fontainebleau. Catherine de Médicis l'enri-

chit considérablement de médailles et de
manuscrits qu'elle apporta de Florence.
Les troubles de la Ligue vinrent encore
détruire cette collection, et les tristes
restes en furent déposés dans une maison
de la rue de la Harpe, puis dans l'enceinte
du couvent des grands Cordeliers.

En 1666, Colbert la fit transporter près
de son hôtel, dans la rue Vivienne, afin de
la rapprocher du Louvre, où Louis XIV
vouloit la placer magnifiquement.

On ne doit point laisser dans l'oubli les
noms des bienfaiteurs de cet établissement. Pierre et Jacques *Dupuy*, qui en
avoient eu successivement la garde, l'a-
voient augmenté par le legs de leurs livres. *Gaston* de France, duc d'Orléans,
pria le roi, par son testament, d'accepter
sa bibliothéque et les diverses curiosités
qu'il avoit rassemblées. *Hippolyte*, comte
de Béthune, lui donna aussi, par son testament, quinze cents volumes in-folio
manuscrits, très-curieux et intéressans
surtout pour l'histoire.

La bibliothéque prit alors son plus haut
degré d'accroissement. Louis XIV en-

voya dans tous les pays du monde, avec des dépenses extraoidinaires, des savans et des personnes intelligentes pour faire la recherche et l'acquisition de livres, d'estampes et de médailles.

On acheta les cabinets et les bibliothéques d'Auguste *de Loménie*, comte de Brienne; de Fr. Roger *de Gaignères*, de Chailes *d'Ozier*, fameux généalogiste; les manuscrits d'Etienne *Baluze*; enfin ceux de *Colbert*, la collection la plus considérable de l'Europe.

Le legs qu'avoit fait le savant *Huet*, évêque d'Avranches, de sa bibliothéque à la maison des Jésuites, étant devenu nul par la destruction de cet ordie, cette bibliothéque fut rendue juridiquement à l'héritier de ce savant prélat, M. de Charsigné, abbé de Fontenai, qui en fit hommage au roi. Ces huit mille deux cent soixante-onze volumes, presque tous avec des notes de la main de Huet, furent réunis à la Bibliothéque royale. Quelque temps avant elle s'étoit encore enrichie de près de douze mille volumes de la bibliothéque de *Falconet*.

En quelques années, la Bibliothéque du Roi posséda environ trente-trois mille manuscrits, et cent mille volumes imprimés.

Elle n'étoit pas alors à la moitié de sa splendeur. La révolution, en détruisant les couvens et les maisons religieuses, a contribué à sa richesse.

On comptoit dans Paris plus de trente bibliothéques, dont les principales étoient celles des *Jacobins*, des *Feuillans* et des *Capucins* de la rue Saint-Honoré; celles de la *Sorbonne*, de l'abbaye *Saint-Victor*, de *Saint-Germain-des-Prés* et des *Blancs-Manteaux*, etc. Les unes possédoient dix à douze mille volumes, les autres vingt à vingt-cinq mille. C'est dans ce fonds que la Bibliothéque impériale a puisé tout ce qu'il y avoit de plus rare et de plus utile pour se compléter.

L'immense quantité de livres qui a été composée depuis le règne de Louis XIV, la quantité plus immense encore qui s'est répandue en Europe depuis quinze ans, et en France depuis la liberté de la presse, n'a pas peu contribué à l'augmenter, trop

(7)

souvent sans l'enrichir. Enfin ce vaste dépôt des connoissances humaines va porter aux siécles les plus reculés le fruit de tant de veilles et de tant de travaux, en même temps que les productions légères qu'un jour avoit vu naître et mourir. On y compte maintenant plus de *trois cent mille* volumes.

La Bibliothéque impériale est divisée en quatre départemens, qui sont confiés aux soins de huit conservateurs.

LES LIVRES IMPRIMÉS, MM. *Capperonnier* et *Van-Praët*.

LES MÉDAILLES, PIERRES GRAVÉES ET ANTIQUES, MM. *Millin* et *Gossellin*.

LES MANUSCRITS, MM. *Langlès*, *Du-Theil* et *Dacier*.

LES ESTAMPES ET PLANCHES GRAVÉES, M. *Joly*.

La Bibliothéque est ouverte aux curieux les *mardis* et *vendredis*, depuis dix heures jusqu'à deux. Ses vacances commencent le 1.er septembre, et finissent le 15 octobre.

DÉPARTEMENT DES LIVRES IMPRIMÉS.

L'entrée de la Bibliothéque impériale est dans la rue de Richelieu. On monte aux galeries par un fort bel escalier, dont la rampe en fer est un ouvrage remarquable de serrurerie. Le plafond de cet escalier étoit autrefois orné de peintures, d'un italien nommé *Pelegrini*, qui les avoit faites du temps du cardinal Mazarin. On a été obligé de raccommoder ce plafond, qui tomboit de vétusté, et les peintures ont peri.

On entre de cet escalier dans une grande galerie séparée en trois parties, et formant deux retours d'équerre. Elle a environ deux cent vingt cinq mètres ou cent quinze toises de longueur, et est éclairée par quarante-six croisees donnant sur la cour. Sur les murs opposés, sont distribues, dans toute la hauteur, des corps d'armoire d'une menuiserie fort bien sculptée. Cette hauteur est divisée par un balcon en saillie qui régne tout autour de la bibliothéque, et qui sert à atteindre les livres dans la plus grande élévation :

on y monte par quatre petits escaliers pratiqués derrière la boiserie.

Au milieu du premier retour de la galerie, est un ouvrage en bronze inventé par *Titon du Tillet;* c'est ce qu'on appelle le *Parnasse français.* On y trouve les figures de *Corneille*, *Molière*, *La Fontaine*, *Boileau*, *Crébillon*, *J. B. Rousseau*, *Voltaire*, etc., disposées sur un rocher escarpé du haut duquel s'élance Pégase.

Les portraits de nos grands hommes étant familiers à tout le monde, on les reconnoîtra facilement à leurs traits et aux attributs qui les accompagnent. L'Apollon est figuré sous les traits de Louis XIV, et les trois Grâces sous ceux de mesdames *de la Suze*, *Déshoulières* et *de Scuderi*

Dans la même galerie sont placés les bustes en marbre de Jérôme *Bignon*, bibliothécaire, né en 1590, mort en 1656, et de Jean-Paul *Bignon*, abbé de Saint-Quentin, aussi bibliothécaire, né en 1662, mort en 1743.

Dans un salon à gauche, se trouvent les

deux beaux globes de *Coronelli*, frère mi-
neur, né à Venise et mort en 1718. A
droite est le globe céleste, à gauche le ter-
restre. Ils étoient jadis à Maily, et furent
placés à la Bibliothèque en 1731.

Pour qu'on pût les voir plus commodé-
ment, on arrangea deux salles l'une au
dessus de l'autre, et le plancher fut per-
cé en deux endroits où l'on circule autour
d'une balustrade en fer.

Les globes ont trois mètres quatre-vingt-
sept centimètres, ou onze pieds onze pouces six lignes de diamètre, ce qui fait
onze mètres ou 34 pieds 6 pouces de
circonférence. Les grands cercles de
bronze qui en sont les horizons et les
méridiens, sont l'ouvrage de *Butterfield :*
ils étoient nécessaires pour la perfection
de ces globes. Ils sont posés chacun sur
un beau pied en bronze orné d'une
superbe boussole. On voit sur ces globes
plusieurs inscriptions à la louange de
Louis XIV, qui apprennent qu'ils ont
été consacrés à ce prince par *César*, cardinal d'Estrée, en 1683. Le portrait du
monarque s'y trouve peint, ainsi que ce-

lui du savant *Coronelli*, autour duquel on
lit cette inscription italienne :

*Fr. Vencenzo Coronelli M. C. suddito cosmogra-
fo et lettore publico. F. V. Coronelli cosmog.
publ. atlante Veneto.*

Les livres sont partagés en cinq classes,
la *Théologie*, la *Jurisprudence*, l'*Histoire*,
la *Philosophie* et les *Belles - Lettres*. Ces
cinq classes sont soumises à des subdivi-
sions L'ordre est conservé pour les classes, au moyen de lettres, et, pour les volumes, par des chiffres et des souschiffres
qui se rapportent à des catalogues. Il en
existe vingt-quatre volumes manuscrits,
cinq imprimés, et des supplémens con-
sidérables. Ils sont rangés, les uns par
ordre alphabétique de noms d'auteurs,
et les autres par ordre de matières.

On communique les livres, avec beaucoup d'obligeance, aux personnes qui les
désirent, et qui peuvent lire ou travailler sur des bureaux placés dans les galeries.

Tous les livres sont estampillés en dedans, à la première ou deuxième feuille, afin de les faire reconnoître, si, par hasard ou par malveillance, il s'en égaroit quelqu'un.

CABINET DES MÉDAILLES ET ANTIQUES.

Le Public entre dans ce cabinet les *mardis* et *vendredis*, depuis dix heures jusqu'à deux.

C'est un beau salon éclairé par huit croisées et placé au dessus d'une arcade voûtée qui communique de la rue de Richelieu à la rue Colbert.

L'origine de ce cabinet remonte à *Henri* IV. Le sieur *de Bagarris*, gentilhomme provençal, fut choisi par ce prince pour former sa collection. *Bagarris* acheta tout ce qu'il put trouver de médailles et de pierres gravées, et reçut le titre de garde des médailles et antiques.

Ce fut surtout Louis XIV qui enrichit cette précieuse collection. Il la fit porter au Louvre : elle prit alors un accroissement considérable. L'abbé *Bruneau* qui avoit succédé à *Bagarris* et à Jean

Chaumont, ayant été assassiné en 1666, on pensa à mettre ce cabinet plus en sûreté, et on le plaça près de la bibliothéque.

Bientôt de savans voyageurs, chargés d'acheter tout ce qu'ils trouveroient de curieux, l'augmentèrent considérablement. Aux noms de MM. *de Monceaux*, *Petis de la Croix*, *Nointel* et *Paul Lucas*, on doit ajouter avec honneur celui de *Levaillant*, voyageur infatigable et savant distingué. Ils rapportèrent tous, des trésors qui augmentèrent celui du roi.

Parmi les noms des gardes du cabinet des antiques et médailles, on doit distinguer ceux de M. *de Boze* et du célèbre *Barthélemy*, auteur d'*Anacharsis*. Ce fut par ses soins que le cabinet prit un nouveau lustre. Il y fit réunir, en 1776, la collection formée par M. *Pellerin*, qui montoit à plus de trente mille médailles, et qui étoit une des plus belles que l'on connût. Le cabinet de M. *de Caylus*, qui renfermoit un nombre considérable de monumens et d'antiquités en marbre et en bronze, n'a pas peu contribué à augmenter ce cabinet.

Les conquêtes de S M. l'Empereur l'ont aussi enrichi de plusieurs pièces curieuses.

On peut le voir avec intérêt en prenant pour guide la notice suivante.

En entrant par la galerie et suivant à droite.

A la porte d'entrée, à droite, une tête d'*Isis* en Lasalte sur une gaîne de marbre noir.

Au dessus, l'*Agathodœmon*, ou bon génie, représenté comme un serpent à tête humaine.

Un *Ibis* embaumé. Cet oiseau étoit adoré chez les Ægyptiens

Première *montre*, dans l'embrasure de la fenêtre, pierres gravées ægyptiennes et étrusques, nommées scarabées à cause de la figure de l'insecte qu'elles représentent. Elles portent sur la face plane des hiéroglyphes et des figures grossièrement travaillées, qui annoncent les premiers essais de l'art. A droite et à gauche des cylindres persépolitains.

Sous cette montre, deux inscriptions latines, trois bas-reliefs ; le premier représente les *Muses* et les *Piérides*, celui du milieu un sacrifice ; le troisième un masque scénique et des figures bachiques.

Le premier médailler est surmonté de plusieurs figurines en bronze, représentant des *Divinités gauloises*. Au milieu est une urne de verre qui a renfermé des cendres. A droite, une figure en marbre d'*Atys* ; à gauche, une *Pallas*. Sur le devant des instrumens de sacrifices. Sous la console, trois bustes : celui du milieu de *Bacchus jeune,* les deux autres de *Bacchus indien*

Deuxième *montre*, dans l'embrasure de la deuxième fenêtre à droite, 1.re *division* plusieurs camées représentant des sujets de dévotion et autres, gravés dans le quinzième siécle.

Deuxième *Division*. Camées représentant des portraits ainsi rangés de gauche à droite.

Deux de *Charles II,* un de *Cromwel,*

henri IV.

*que de
XVI repré-
Dauphin*

trois de *Marie Stuard*, ~~Empereur~~,
~~l'Archichancelier~~, trois portraits d'*Elisa-
beth d'Angleterre*, le pape *Paul III*, *Lu-
dovic Sforce*, *Anne* princesse de Nassau.

Quatre *Henri IV*, l'un avec *Marie de
Medicis*; une *Médicis* seule, *Anne d'Autriche*, *Louis XIII* enfant, trois portraits
du même plus âgé *Christine*, deux *Henri IV*, deux *Louis XIV*, *Richelieu*,
Louis XV, *François I.er*, *Henri IV*,
Mazarin, *Louis XV*, *Louis XIV*, *Anne
d'Autriche*, *Charles - Quint*, le *Grand-
Dauphin* et la *Dauphine*, *Louis XII* de
face, M.me de Pompadour sur un cachet,
Diane de Poitiers, Luste de face, orné de
diamans et placé sur une boîte de sardonyx. Autour, les bracelets de *Diane*, cinq
pierres gravées par Gai, trois portraits in-
connus. A gauche cinq pierres gravées par
M. JEUFFROY, membre de l'Institut.

Sous la montre, trois tombeaux portant
des inscriptions ; à droite, un bas-relief;
à gauche, une inscription romaine.

Deuxième *médailler*. Il est surmonté de
petites figurines de bronze représentant
des divinités grecques et romaines; au

milieu, une urne de verre antique; des
deux côtés, deux bustes de bronze représentant des Romains.

Sous la console, une lampe de marbre
portant six masques; à droite, un buste
de vieillard : à gauche, un buste de *Séra-pis*, et un de jeune femme.

Troisième *montr*, embrasure de la troisième fenêtre à droite, 1.re *division* à
droite, camées représentant des empereurs romains: les plus remarquables sont
1.re rangée, au milieu, *Trajan* et *Plotine*
en regard.

Deuxième rangée, deuxième pierre,
Hadrien, sixième, *Antinoï sen Mercure*(1).

Troisième rangée, première pierre,
Marc - Aurèle et Faustine; quatrième,
Septime Sévère, Julia Domna, Caracalla
et *Géta* réunis.

Deuxième *division*. Les camées les plus
remarquables sont : 1.re rangée, troisième
pierre, un fragment de la plus grande
beauté: cette tête est attribuée à Julie,

_____

(1) Il faut suivre les rangées, et compter les
pierres de gauche à droite.

fille d'Auguste. Cinquième pierre, *Tibère*; sixième, *Faustine*. 2.me rangée, deuxième pierre, *Auguste*; la monture est très - ancienne. Quatrième, l'apothéose de *Germanicus*, une des plus belles pierres connues.

Sous la montre on voit un autel chargé d'une inscription. A droite et à gauche deux tombeaux et deux bustes Celui à droite de *Bacchus indien*, l'autre de *Bacchus jeune*. Des deux côtés sont des bas-reliefs; à droite, une femme sur un lit; à gauché, des attributs militaires, et des Amours sur un char traîné par des lions.

Troisième *médailler*. Il est surmonté de figurines étrusques en bronze; au milieu une urne de verre; à droite, une statue en marbre sans attributs; à gauche, une de *Jupiter*.

Sous la console, une tête d'*Hercule*; à droite, un autel portant sur ses quatre faces quatre divinités à gauche, un vase d'albâtre, une pierre tumulaire.

Quatrième *croisée*, 4.me *montre*. Les pierres les plus remarquables sont, 1.re *division*, à droite, au milieu, *Agrip-*

pine, et ses deux enfans dans des cornes d'abondance, allégorie du bonheur qu'ils promettoient aux Romains. 2.me *division*, au milieu, *Cérès* et *Triptolême* sous les traits de *Germanicus* et d'*Agrippine*; à droite, un gryphon fragmenté; au dessous, vers le milieu, un fragment antique de pâte de verre très-curieux, représentant *Persée* tenant la tête de *Méduse*, et prêt à délivrer *Andromede*. 3.me *division*. La pierre du milieu représente *Claude*. A droite et a gauche, deux perles géantes ayant des figures bizarres.

Sous la montre, deux inscriptions grecques; au milieu, un groupe de trois chevaux marins en bronze.

Sur la porte d'un cabinet, l'armure de *François I.*^{er}, savoir : son casque et son bouclier d'acier damasquiné en or. A gauche, sous le bouclier, son épée et deux masses d'armes. A droite, l'épée de ville de *Henri IV*, ornée de camées, son épée de bataille portant un pistolet; au dessous une inscription grecque rapportant les noms des vainqueurs aux jeux hadrianiens dans la ville de Cyzique; devant, on voit le fauteuil de *Dagobert*, fait, dit-on, par S Eloi Ce fauteuil a été transporté à Boulogne, pour la distribution des Croix de la Légion d'honneur, le 16 août 1804

Sur le grand médailler entre les deux portes, sont des divinités grecques et romaines; au milieu, un aigle qui servoit d'enseigne légionaire aux Romains, aux deux extrémités, des mosaïques en relief, d'après un candélabre du Musée Pio-Clémentin.

Sur la console, un *Satyre* en bronze, mutilé.

Sous la console, une grande inscription grecque en quatre morceaux, expliquée dans le *Museum Veronense*, p. 14: elle contient le testament d'*Epicteta*, citoyenne de Sparte, et la fondation d'un musée.

Un cercueil de momie en bois de sycomore peint, couvert de figures ægyptiennes Au dessus, le buste de *J. J. Barthélemy*, auteur d'*Anacharsis*, ancien garde du cabinet des médailles Plus loin une inscription consacrée par le collége des Pastophores d'*Industria*, à *L. Pompée*, le fragment d'un foudre de bronze, et une chaîne de même métal Tous ces objets ont été trouvés à *Industria* en Piémont : cette ville ancienne a été récemment fouillée. Au dessous, la chouette, oiseau de *Minerve*.

Cinquième *croisée*, 5.me *montre*, piérres gravées représentant divers sujets. Division du milieu, 3.e rangée, 3.e pierre, Pâris et Hélène, auprès d'eux uné Amazone 4.e pierre, la naissance d'Iacchus.

Sous la montre, une inscription grecque et une arabe. Contre la console, une pierre tumulaire.

Cinquième *medailler*. Il est surmonté de figurines en bronze et en marbre. Au milieu, une urne de verre ; à droite, une petite figure en marbre d'*Esculape* ; à gauche, *Télesphore*, le dieu des convalescens, il est enveloppé d'une grande robe à capuchon. Sur le devant, à droite, *Pallas* ; à gauche, une femme sortant d'une corbeille.

Sous la console, une urne sépulcrale, deux bustes romains.

Sixième *croisée*, 6.e *montre*, 1.re *division* à droite. Parmi ces superbes camées, on distingue, 1.re rangée, 3.e pierre, *Neptune* et *Minerve* faisant naître, l'un le cheval, et l'autre l'olivier; 4.e, concert d'un *Centaure* et de deux *Génies*

2.e rangée, 1.re pierre, *Taureau*; 2.e, *Jupiter* roi ; 3e, noces de *Bacchus* et d'*Ariane* : 4e, *Jupiter Ægiochus* ou *Porte-Ægide*, trouvé à Ephèse ; 5.e, chevaux de *Pélops* vainqueurs à la course ; 7e, *Vénus* sur un taureau marin, environnée d'amours avec le mot ΓΛΥΚΩΝ qui nous apprend que cette pierre est l'ouvrage du graveur Glycon.

4.e rangée, 1.re pierre, bataille gravée sur une coquille, 4.e, agathe orientale gravée au quinzième siècle, tête d'un guerrier ; 6.e, buste d'*Ulysse*, cornaline ; 7.e, bataille gravée sur coquille.

Les dernières rangées représentent des sujets de mythologie ou d'imagination exécutés avec beaucoup de délicatesse.

Deuxième *division*. Pierres gravées en creux. 1.re rangée, 9.e pierre, l'Olympe, grande cornaline ; 11.e pierre, une topaze très-grande représentant *Bacchus indien.* Au milieu de la montre une aigue marine provenant de l'écrin de *Charlemagne*, représentant *Julie*, fille de *Titus*, gravée par *Evodus.* Au dessous, un beau taureau dionysiaque sur une calcédoine, ouvrage du graveur *Hyllus.*

Sous la montre, deux tombeaux, un autel triangulaire ; à droite, une statue d'*Hercule;* à gauche, une *Diane d'Ephèse;* deux pierres tumulaires.

Sixième *médailler.* Il est surmonté, comme les autres, de figurines de bronze. On y remarque deux beaux bustes, celui à droite de *César* Sous la console, une roue de char antique en bronze.

Septième *croisée,* 7.e *montre.* Elle renferme des pierres gravées en creux, toutes montées à jour et d'une manière uniforme. Dans la division à gauche on remarque, 2.e rangée, 12.e pierre, Hercule tuant les oiseaux de Stymphale. 13.e pierre, Achille jouant de la lyre, améthyste gravée par Pamphile. 14.e pierre, joueur de cerceau, gravé par Pichler. 3.e rangée, 13.e pierre, le cachet de *Michel Ange* (1) représentant des vendanges, il porte dix-sept figures gravées avec la plus grande finesse. Au dessous une belle tête d'Hercule jeune, sur une cornaline

Ces pierres sont trop petites pour qu'on puisse les bien voir, et trop nombreuses pour être décrites ici ; mais on peut en avoir l'explication détaillée par les empreintes et leur catalogue (2).

Sous la montre sont trois tombeaux, deux bustes de *Silene* ; à droite, une pierre tumulaire ; à gauche, une inscription latine.

_____

(1) Cette pierre célebre a été le sujet de plusieurs dissertations Les uns l'ont attribuée au graveur *Allion*, d'autres ont contesté son antiquité. M de Muir pense qu'elle est l'ouvrage de *Maria di Pescia*, célèbre graveur et ami de Michel Ange, qui s'est désigné lui-même par le petit Pêcheur Louis XIV a longtemps porté cette pierre en bague.

(2) Les Artistes et les Amateurs peuvent se procurer, pour un prix modique, les *empreintes des médailles* et des *pierres gravées*, en s'adressant aux Employés du Cabinet, qui y joignent des Catalogues explicatifs.

Septième *médailler*. Figurines en bronze; à droite, groupe en marbre de *Cybèle* et *Atys:* à gauche, *Jupiter;* au dessous, une urne sépulcrale, plusieurs bustes romains.

Huitième *croisée*, 8.ᵉ *montre*. Pierres gravées. Au milieu, une tête de *Jupiter Serapis* montée dans une châsse de vermeil, et que l'on faisoit passer à Rome pour une tête de *Christ;* au dessous, une agathe représentant un buste d'*Auguste*.

Dans l'armoire vitrée, le plus grand camée connu. Il représente sur la ligne du haut, l'apothéose d'*Auguste*. Sur le rang du milieu, on voit Germanicus rendant compte à Tibère de son expédition en Germanie : son épouse Agrippine et Caligula son fils sont près de lui. Plus bas, au rang inférieur, on voit les nations qu'il a vaincues. Ce superbe camée de sardonyx passoit, à la Sainte-Chapelle, pour le triomphe de *Joseph*. Il y avoit été placé par Charles V, ce qui l'a soustrait au pillage du trésor des rois, sous Charles VI. Il a été apporté en France par Baudouin, comte de Flandres.

La monture a été exécutée en 1807, par MM. *de la Fontaine* père et fils. A gauche, un buste de *Valentinien III*, qui passoit pour un Saint-Louis, et ornoit le bâton du grand chantre de la Sainte-Chapelle. Auprès, plusieurs vases ; un petit Jupiter d'argent. A droite, un superbe vase de sardonyx que l'on nomme la coupe des *Ptolémées*. Ce vase représente les objets consacrés aux mystères de Cérès et de Bacchus. Il avoit été donné à S. Denys par Charles III. C'est celui où les reines buvoient le vin consacré, le jour de leur sacre. Autour, des coupes de jaspe, de prase et de sardoine.

Dans le bas de l'armoire sont plusieurs dyptiques, des couvertures d'évangeliaires, et différens vases. ~~Au milieu, le~~ *A gauche, le Sacro Catino*, vase de verre que l'on conservoit à Gênes dans la sacristie de *Saint-Laurent*. On prétendoit que c'étoit un vase d'une seule émeraude, dans lequel *Jésus-Christ* avoit fait la Pâque chez le juif *Nicodème.* ~~Auprès~~ *au dessus* est le cœur d'or dans lequel étoit renfermé le cœur d'*Anne de Bretagne*, femme de *Charles VIII* et de

voyez p. 29.

Louis XII; sur le devant, l'épée de la
religion, envoyée au cabinet par S. M.
l'Empereur, après la prise de Malte. C'é-
toit l'épée que le grand-maître portoit
dans les cérémonies. Sur la planche du
haut, un vase d'un seul morceau d'ivoire,
représentant un combat entre les Turcs
et les Polonais. A gauche, un grand vase
d'argent, sur lequel est gravée la carte
géographique de l'évêché de Munster. A
droite un vase de vermeil, représentant
des attributs de chasse, et l'histoire de
Saint-Hubert. Auprès trois patères antiques en argent.

Au dessus de l'armoire sont deux can-
délabres de bronze et trois bustes; les
deux en marbre sont de *Jupiter* et d'un
jeune homme. Celui du milieu, en bron e,
est un buste de *Cybèle*, trouvé dans les
ruines d'une vieille tour, auprès de Saint-
Eustache.

Auprès de l'armoire, à gauche, un
pouce colossal de 26 pouces de long. S'il
a appartenu à une statue, elle pouvoit
avoir, dans les proportions, soixante-
douze pieds de haut.

Huitième *médailler*. Il est couvert de figures ægyptiennes. On remarque au milieu une terre cuite représentant *Isis* coiffée de la pintade, ou poule de Numidie; sur le devant, quatre canopes ou vases couverts de têtes de divinités; au coin à gauche, un masque de momie en carton peint et doré.

Sur la console, un disque de granit noir: à gauche, un sphynx de bronze; à droite, un de pierre.

Sous la console, des figures ægyptiennes en basalte et en granit. On remarque au milieu un bas-relief ægyptien curieux; sur la gauche, une momie d'enfant; plus loin, un autel ægyptien en basalte, et une figure d'*Isis* en pied, sur un socle.

Grand bureau, au milieu de la salle. *la porte d'entrée,*

Il y a devant une cuve de porphyre qui étoit jadis à Saint-Denis. On prétend que c'est celle où *Clovis* a reçu le baptême. Sur le bureau, le buste d'un médecin grec en marbre de Paros, avec une inscription grecque qui signifie, *Salut Marcus, Modius, Asiaticus, chef de la secte*

méthodique, qui as éprouvé avec une égale
constance beaucoup de bien et de mal (1).

Derrière est une pierre persépolitaine
trouvée près de Bagdad et apportée par
M. Michaux. Les caractères en forme de
clous, qui y sont tracés, n'ont encore
pu être expliqués par personne (2). *dans l'armoire Vitri*

~~Au milieu du bureau~~ est la fameuse
Table Isiaque qui a appartenu successivement aux Papes, au cardinal Bembo,
au duc de Mantoue et au roi de Sardai-
gne. (*Voyez* ce qu'en ont dit *Montfaucon*,
t. 2, p 340, pl. 138, et *Caylus*, t. 7, p. 34,
pl. 12).

A gauche, un disque d'argent trouvé
dans le Dauphiné en 1714, et nommé
improprement *bouclier d'Annibal.* Plus
loin, dans la montre au bout du bureau, des colliers, divers ornemens en
or et en verroteries, et des médailles
montées en filigrane ; tous ces objets ont
été trouvés le 15 février 1809, à Naix

---

(1) CAYLUS.
(2) Voyez M. MILLIN, Monumens inédits,
t. 1, p. 58.

près de Commerci, département de la Meurthe.

A droite, un grand plateau d'argent, trouvé dans le Rhône en 1656, représentant *Briséis* rendue à *Achille*, et non pas la continence de *Scipion*, comme on l'a cru autrefois (1).

Du même côté, un torse ægyptien en basalte, et un buste en marbre, de *Bacchus indien*. ~~Auprès~~ *Sur le bureau*, un buste d'*Antinoüs* en *Atys*.

Devant, une montre dans laquelle sont divers ustensiles communs à l'usage des Romains, dés, aiguilles, stylets, etc.

Derrière, ~~la table isiaque,~~ plusieurs montres renfermant des médailles antiques de diverses contrées; et, au bout du bureau à gauche, celles frappées depuis le règne de ~~S. M. Napoléon~~ *Henri IV*. Auprès, le buste d'un jeune Romain.

Sur la console, au bout du bureau, des fragmens de momies, entre autres un

---

(1) M. MILLIN a donné l'explication de ce beau monument, dans ses Monumens inédits, tome 1, p. 69. On la vend séparément avec la gravure.

pied où l'on distingue encore la chair et les ongles. Deux momies d'Ibis, trèsbien conservées; elles ont été développées le 3i janvier 1810. Sur le devant, une inscription phœnicienne et une mosaïque.

Autour de la salle, sur des planches, sont cent cinquante vases grecs, improprement nommés étrusques.

Les armoires fermées contiennent des collections de médailles et de monnoies antiques et modernes, classées par ordre géographique et chronologique. Cette collection, d'environ quatre-vingt mille pièces, est la plus belle et la plus complète de tous les cabinets de l'Europe.

DÉPARTEMENT DES MANUSCRITS.

Après avoir descendu le grand escalier, il faut prendre un petit escalier à droite qui conduit au département des estampes et à celui des manuscrits.

Le département des manuscrits occupe six pièces, au nombre desquelles est la galerie Mazarine, longue de quarantequatre mètres, ou vingt-trois toises deux

pieds sur trois toises quatre pieds de large.
Elle faisoit anciennement partie de l'appartement de Mazarin. Elle est éclairée
par huit croisées ornées de paysages peints
par *Grimaldi Bolognèse*. En face des croisées sont des niches ornées de peintures
du même. Elles sont maintenant cachées
par des tablettes remplies de manuscrits.
Le plafond de cette galerie est très-beau :
il a été peint par *Romanelli*, en 1651. Il
représente divers sujets de la Fable, entremêlés de camaïeux, de médaillons et
d'ornemens parfaitement exécutés. Les
peintures des autres salles sont, dit-on,
de plusieurs élèves de *Romanelli*. La plupart des manuscrits renfermés dans ce
vaste dépôt sont de la plus grande rareté.

Il y a, dans des montres sous verre, des
manuscrits de différens genres exposés
aux yeux des curieux.

Ce cabinet renferme environ quatre-
vingt mille manuscrits grecs, latins,
français, dans les langues orientales, etc.

CABINET DES ESTAMPES.

Dans l'escalier des Manuscrits, à l'entresol.

La première pièce offre un choix d'estampes encadrées des plus précieuses par leur beauté et leur rareté. Elles donnent une idée des plus belles pièces dans chaque genre. Deux beaux paysages gravés par Wollett, épreuves avant la lettre, et une superbe épreuve du combat des quatre Cavaliers, par Edelinck

Dans la deuxième *croisée*, une Présentation de J C au peuple, par Rembrandt, épreuve de remarque et très-rare. La Sainte Cécile de Raphaël, gravée par Massard, épreuve avant la lettre. Sur une porte de communication, le Martyre de S. Laurent, et le Massacre des Innocens, gravés par Marc-Antoine : ces deux estampes sont d'un grand prix Sur la face principale, on remarque une épreuve magnifique d'Abisaïg présentée à David, gravée par R. Earlom, d'après Vander-Werf. La mort du général Wolf, épreuve avant la lettre. Le vendeur de mort aux rats, gravé par Vischer, épreuve avant la

2 *

lettre. Le portrait du maréchal d'Har-
court, gravé par Masson, d'après Mi-
gnard. La Sainte-Famille, par Edelinck,
d'après Raphaël. La Magdeleine de Le
Brun, gravée par Edelinck, épreuve
avant la lettre: quelques personnes ont
prétendu à tort y trouver les traits de
Mme de la Vallière. La Sainte Famille
nommée *la Madona della Sedia*, gravée
par Muller de Stutgard, épreuve avant
la lettre. Le Christ couronné d'épines,
gravé d'après Van Dyck par Bolwert. Le
Char de l'Aurore, d'après le Guide,
gravé par Raphaël Morghen, épreuve
avant la lettre.

Au bas est une suite des princes de
la maison de Bavière, depuis le cinquième siécle jusqu'au quinzième.

Les armoires de cette pièce ainsi que
celles de la galerie à côté, renferment environ quatre mille volumes, contenant
près de deux millions d'estampes de costumes, de paysages, de portraits des
meilleurs maîtres; des suites historiques,
mythologiques, etc., et des œuvres com-
plètes de *Raphaël, Michel-Ange, Poussin,*

`Le Brun; Le Sueur, Edelinck, Nanteuil,
Schmidt, Audran, Jules Romain, Ma-
riette, Moreau, et des meilleurs graveurs.
Ce cabinet réunit aussi des estampes qui,
sans être belles, ont le mérite de la rareté
pour leur sujet ou pour quelqu'autre
cause. La première collection considérable d'estampes fut celle de l'*Abbé de Ma-
rolles,* consistant en deux cent vingt-quatre
volumes, que Colbert acheta pour le roi.
Ce fut le fonds du cabinet des estampes,
qui depuis s'est augmenté de la collection
de *Gaignères*, de celle du marquis de *Be-
ringhen*, de l'immense collection de *Ma-
riette*, et des dons du savant *Caylus*.

Cette collection d'estampes est précieuse non-seulement pour les artistes et
les amateurs, mais même pour tous les
curieux, qui peuvent demander, pour les
voir, des recueils de fleurs, de costumes,
de paysages, ou des collections, telles que
la galerie de Florence, celle du Palais-
Royal, celle du Musée français, etc., etc.

Dans la galerie où sont les bureaux, on
voit à la première fenêtre un portrait du
roi *Jean*, peint à gouache.

A la deuxième, le portrait en pied de l'Empereur, gravé par Desnoyers, d'après Gérard.

A la troisième, le portrait en pied de Louis XIV, gravé par Drevet, d'après Rigaud ; et celui d'Auguste III, roi de Pologne, gravé par Balechou, d'après Rigaud, épreuve avant la lettre qu'on croit unique.

. En face des fenêtres, on voit un portrait de Rubens, gravé par Paul Ponce, épreuve avant la lettre, rare ; celui de Deonizon Winius, gravé par Vischer, pièce de la plus grande rareté, connue sous le nom de l'*Homme au pistolet* ; la Sainte Cécile de Raphaël, par Marc-Antoine, épreuve aussi étonnante par sa conservation parfaite que par sa beauté.

BIBLIOTHÉQUE DU PANTHÉON.

C'étoit autrefois la bibliothéque de l'Abbaye de Sainte-Geneviève. On l'a laissée dans l'emplacement qu'elle occupoit derrière le. Panthéon, au fond d'une longue cour, au troisième étage.

Lorsque le cardinal de *la Rochefoucault*, abbé commandataire de Sainte-Geneviève de Paris, y fit venir, en 1624, des chanoines réguliers de S. Vincent de Senlis, ils n'y trouvèrent aucuns livres, ni manuscrits, ni imprimés.

Les Pères *Fronteau* et *Lallemand* doivent être regardés comme les fondateurs de la bibliothèque que l'on y voit maintenant. En quelques années ils amassèrent sept ou huit mille volumes: ce nombre fut considérablement augmenté par le **P.** *Dumolinet*, qui en eut la direction, et qui y joignit un fort beau cabinet d'antiquités (1). En 1710, *Maurice Letellier*, archevêque de Rheims, légua sa bibliothéque à cette maison. Différentes acquisitions avoient porté le nombre des volumes à vingt-cinq mille. Il fallut songer

_____

(1) Ce cabinet d'antiques et de médailles, que celui de Peiresc avoit fort enrichi, a été réuni en l'an 4 de la république (1795) au cabinet de la bibliothèque impériale.

à agrandir le vaisseau, qui n'étoit long que de cinquante-huit mètres, ou cent quatre-vingts pieds.

En 1675, on prolongea la galerie jusqu'à la longueur de cent quatre mètres, trois cent vingts pieds, et elle fut coupée par une autre, avec laquelle le tout forma une croix, au milieu de laquelle s'élève un dôme qui l'éclaire. La partie qui est du côté de l'église, à gauche en entrant, est plus courte que les trois autres. Pour cacher cette irrégularité, *Lajoue,* peintre de l'Académie, a peint, sur le mur du fond, un salon ovale éclairé par une grande croisée A l'entrée de ce salon, on voit une sphère, et deux consoles portant des urnes de marbre.

Le dôme est peint par *Jean Restout,* élève et neveu de *Jouvenet.* Il représente S. Augustin élevé au ciel par deux anges. Ce père de l'Eglise tient dans sa main un livre, et de l'autre cette plume éloquente qu'il a employée à la défense de la religion. Des rayons lumineux entourent sa tête; des anges et des chérubins sont groupés dans les nuages; du sein de la nuée qui supporte le saint, sort une flamme semblable à la foudre, qui descend en serpentant sur un monceau de livres impies qu'elle consume.

Au bout de l'aile droite, on voit un plan en relief de la ville et de la campagne de Rome, dans la proportion d'un pouce pour quatre-vingt-dix pieds. Ce plan a environ trois mètres sur tous sens.

On lit sur un écriteau ces deux vers de *Martial* :

Hinc septem dominos videre montes
Et totam licet æstimare Romam.
Martial *Epigr*, liv. IV, 64.

D'ici on peut voir les sept montagnes, maîtresses du monde, et apprécier d'un coup-d'œil Rome toute entière.

Ce plan a été fait en 1776, par M. *Grimani*, et acquis en 1785 pour le cabinet de Sainte-Geneviève.

Au bout de la galerie principale est le modèle de la corvette *l'Aurore*, dont on lit le nom sur la poupe.

On lit sur la droite :

« Cette corvette a été construite en 1766, « au Hâvre, par le sieur *de Beauvoisin*,

« sur les dessins et plans de M. *Ozann*,
« ingénieur-géographe, et a été armée au
« mois de mai 1767 pour éprouver les
« mesures marines de M. *Leroi*, et le mé-
« gamètre de M. *de Charnière*, lieutenant
« de vaisseau. La sculpture a été faite par
« M. *Leroi*, sur les dessins de M. *Bridan*;
« les peintures par *P. Huet.* »

On lit de l'autre côté :

« Ce modèle a été fait en 1768 , par le
« nommé *Poi de Cœur*, du Hâvre, et
« gravé par *Mathieu Chopin*, maître d'é-
« quipages de la marine du roi, d'après le
« vaisseau sur lequel il avoit fait la cam-
« pagne en 1767, sous les ordres de M. le
« marquis *de Courtenvaux*, qui l'avoit fait
« construire pour faire des expériences. »

On a sculpté, sur la boiserie de la fenêtre du fond de cette galerie, les chiffres
1675 : c'est la date de l'agrandissement
de ce bâtiment, et de la confection de la
menuiserie.

Cette bibliothéque, la plus belle après
la bibliothéque impériale, renferme maintenant quatre-vingt mille volumes. Sa
décoration est une menuiserie uniforme.

La porte est assez bien sculptée. Les armoires qui renferment les livres sont fermées par des grillages, et ont près de cinq mètres de largeur sur toute la hauteur du vaisseau. Elles sont interrompues par une quarantaine de fenêtres, dont les embrasures sont aussi pleines de livres. A chaque côté des armoires sont des bustes de personnages illustres choisis indifféremment parmi les anciens et les modernes. On y distingue ceux de *Letellier*, de *Colbert*, de *Louvois*, de l'archevêque de Rheims, qui a été un des bienfaiteurs de l'établissement. On y voit encore ceux de *Mansart*, et de *Soufflot* qui a construit le Panthéon. Les uns sont en marbre, d'autres seulement moulés en plâtre. On y trouve les poètes et les philosophes célèbres de l'antiquité, les empereurs romains. Ils sont placés sans aucun ordre: *Pindare* est à côté de *Daubenton*, et *Euripide* auprès de *Desault*.

Cette bibliothèque est confiée aux soins de MM. *Flocon*, *Lechevalier* et *Ville-Vieille*, conservateurs.

Elle est ouverte au public tous les jours,

depuis dix heures jusqu'à deux, excepté les dimanches et fêtes. Elle est en vacances depuis le premier septembre jusqu'au 2 novembre.

BIBLIOTHÉQUE MAZARINE, OU DES QUATRE-NATIONS, *maintenant de l'Institut.*

Cette bibliothéque étoit celle du collége *Mazarin* ou des *Quatre-Nations.* Elle n'a point changé de place. On y entre par la première cour à gauche du portail de l'église. Le cardinal *Mazarin,* à qui on doit la fondation du collége qui porte son nom, a eu successivement deux bibliothéques, et toutes deux avoient été formées par *Gabriel Naudé,* savant bibliographe. La première, de quarante mille volumes, que l'on regardoit comme d'un choix exquis, fut vendue et dissipée en 1652, par arrêt du parlement de Paris. La seconde, composée du même nombre de volumes à peu près, fut aussi amassée par les

soins de *Naudé* et de *Lapoterie* (1). On
commença à la former en achetant un
grand nombre de livres des débris de
la première, qui avoient été vendus
à des libraires et à des particuliers qui
voulurent bien s'en défaire (2). On acquit
ensuite, pour le prix de 20,000 livres,
la bibliothéque de M. *Descordes;* et après
la mort de *Naudé* le cardinal fit acheter la sienne, dont il donna 20,000 fr.
Guy - Patin la vante beaucoup. Il y
avoit aussi un grand nombre de manuscrits ; mais, après la mort du cardinal,
Colbert les fit réunir à ceux de la Bibliothéque du roi. Le cardinal Mazarin
avoit légué cette bibliothéque *pour la
commodité et la satisfaction des gens de
lettres*, *le 6 mars* 1661.

Elle est publique tous les jours, excepté les dimanches et fêtes et les jeu-

---

(1) Il étoit sous-bibliothécaire, et devint bibliothécaire à la mort de Naudé.

(2) *Guy - Patin* dit, à cette occasion, *que
le syndic des libraires s'y étoit employé tout
de bon.*

dis. Elle est en vacances depuis le premier du mois d'août, jusqu'au premier du mois de novembre.

La garde en est confiée aux soins de MM. *Palissot*, bibliothécaire, administrateur perpétuel, *Louis Petit-Radel*, conservateur adjoint.

BIBLIOTHÉQUE DE LA VILLE,

Rue Saint Antoine, maison des Grands-Jesuites, maintenant paroisse Saint-Louis et Saint-Paul.

Le vaisseau de cette bibliothéque est fort beau ; le plafond a été peint à fresque par *Guerardini*, peintre italien.

Le premier fonds de cette bibliothéque a été donné par le cardinal *de Bourbon*, fondateur de la maison professe dite *les Grands-Jesuites*.

Gilles Ménage donna sa bibliothéque en 1692, année de sa mort. Le savant *Huet*, évêque d'Avranches et sous-précepteur du Dauphin, fils de Louis XIV, donna aussi la sienne en 1691, à la condition qu'elle ne seroit point mêlée et confondue avec celle de la maison, mais qu'elle seroit conservée telle qu'elle étoit et au même lieu où elle étoit placée du vivant du donateur.

Elle a été réunie à la Bibliothéque du roi. (*Voyez* page 5).

Les livres de cette bibliothéque sont en général d'un bon choix. Elle est moins nombreuse que les précédentes.

Le public peut y entrer tous les jours, depuis dix heures jusqu'à deux, excepté les dimanches et fêtes.

Son bibliothécaire est M.

BIBLIOTHÉQUE DE L'ARSENAL.

Ce n'est que depuis quatre ou cinq ans que cette bibliothéque est publique. Elle appartenoit jadis à M. *de Paulmy d'Argenson*, et n'a été transportée à l'Arsenal que lorsqu'elle a été acquise par **le** *comte d'Artois*. Elle est très-belle, et complète surtout dans la partie des théâtres. Elle occupe un des corps-de-logis à droite en entrant par la porte du côté du quai des Célestins. On voit dans ce bâtiment le cabinet de Sully, dans lequel il s'enfermoit avec Henri IV pour travailler.

Cette bibliothéque est publique les *mercredis, jeudis* et *vendredis*, depuis dix heures jusqu'à deux.

Elle est conservée par MM. *Ameilhon* , bibliothécaire administrateur , *Treneuil* , bibliothécaire et conservateur ; *Zendroni* , conservateur ; *Ameilhon* jeune, et *Guérin* sous - bibliothécaires.

BIBLIOTHÉQUE DES INVALIDES.

Sa Majesté l'EMPEREUR a enrichi l'Hôtel des Invalides, d'une bibliothéque de vingt mille volumes, composée des meilleurs livres. Elle est ouverte à tous les militaires invalides, depuis neuf heures du matin jusqu'à huit heures du soir, excepté les dimanches.

M. *Perdiguier*, colonel invalide, en est le bibliothécaire ; MM. *Torchet Saint - Victor* et *Fromentel*, capitaines invalides, sont ses adjoints.

Les curieux qui visitent l'Hôtel Impérial des Invalides, peuvent voir cette bibliothéque aux heures ci-dessus indiquées.

TABLE

DES PRINCIPAUX ARTICLES.

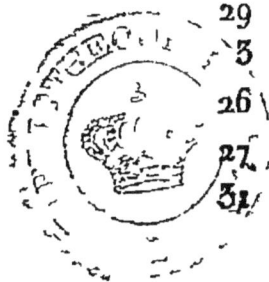